打通多重记忆思维，
告别死记硬背，轻松"吃透"古诗文

爱上古诗文其实很简单

比格豹童书 著/绘 ①

电子工业出版社
Publishing House of Electronics Industry
北京·BEIJING

【目 录】

咏鹅　唐·骆宾王 \ 4

江南　汉乐府 \ 8

画　唐·王维 \ 12

悯农（其二）　唐·李绅 \ 16

古朗月行（节选）　唐·李白 \ 20

风　唐·李峤 \ 24

春晓　唐·孟浩然 \ 28

赠汪伦　唐·李白 \ 32

静夜思　唐·李白 \ 36

寻隐者不遇　唐·贾岛 \ 40

人之初　选自《三字经》\ 44

池上　唐·白居易\48

小池　宋·杨万里\52

画鸡　明·唐寅\56

梅花　宋·王安石\60

小儿垂钓　唐·胡令能\64

登鹳雀楼　唐·王之涣\68

望庐山瀑布　唐·李白\72

江雪　唐·柳宗元\76

夜宿山寺　唐·李白\80

敕勒歌　北朝民歌\84

咏鹅

唐·骆宾王

鹅，鹅，鹅，
曲项向天歌。
白毛浮绿水，
红掌拨清波。

注

咏：用诗词来描述、赞美。
曲：弯着。
项：脖子。
拨：划动。

♪ 诗文声律

白毛 ⇌ 红掌
绿水 ⇌ 清波

译

鹅，鹅，鹅，
弯着长长的脖子朝着天空唱歌。
洁白的羽毛浮在碧绿的水面上，
红红的脚掌拨动着清清的水波。

诗歌助记

咏鹅
唐·骆宾王

鹅，鹅，鹅，　　曲项向天歌。
白毛浮绿水，　　红掌拨清波。

□ 鹅

唐·骆□□

□，□，□，

曲项□□□。

□□浮绿水。

红掌拨□□。

敢骂太后的诗人

骆宾王是婺（wù）州义乌人，也就是现在的浙江义乌。据说，《咏鹅》是他七岁时所作。

骆宾王虽然才华满腹，但事业上一直不太顺利，快六十岁时才到朝廷里当了个名为侍御史的官。但没多久他就因为得罪了当权人物，被抓进监狱关了几个月，放出来后又被派到外地去当个无足轻重的小官，骆宾王一气之下辞了职。

几年后，武则天牢牢掌握了国家实权，皇帝成了傀儡（kuǐ lěi，木偶戏里的木头人，比喻受人操纵的人）。有个将军起兵造反，骆宾王帮他写了篇文章把武则天痛骂了一通，号召全天下人都起来反对她。这篇文章气势磅礴、文采斐然，武则天看后都感叹说："这么有才华的人没得到朝廷的重用，这是宰相失职。"

初唐四杰

唐代初年，还有三位和骆宾王一样出名的诗人，分别是王勃、杨炯（jiǒng）、卢照邻，他们被称为"初唐四杰"。四个人的姓连在一起合称"王杨卢骆"。这个顺序是按照四人的诗文成就来排的，但这个排名从古到今一直有争议，就连他们自己也不太满意。

江 南

汉乐府

江南可采莲,
莲叶何田田。
鱼戏莲叶间。
鱼戏莲叶东,
鱼戏莲叶西,
鱼戏莲叶南,
鱼戏莲叶北。

注
江南：长江以南一带。
何：多么。
田田：莲叶长得茂盛相连的样子。
戏：嬉戏，玩耍。

♪ 诗文声律
东 ⇌ 西
南 ⇌ 北

译
江南水乡到了可以采摘莲蓬的季节，
碧绿的莲叶挤挤挨挨，层层叠叠。
鱼儿在莲叶间嬉戏。
鱼儿一会儿在莲叶的东边嬉戏，
一会儿在莲叶的西边嬉戏，
一会儿在莲叶的南边嬉戏，
一会儿又在莲叶的北边嬉戏。

目 诗歌助记

江 □

汉□□

江南可□□,

莲叶何□□。

鱼戏□□间。

鱼戏莲叶□,

鱼戏莲叶□,

鱼戏莲叶□,

鱼戏莲叶□。

乐府和乐府诗

乐府是秦朝开始设立的管理音乐的机构，负责从民间收集歌词和乐曲，整理改编，在宫廷里或是各种仪式上演唱。这些收集来的歌词也称为乐府、乐府民歌。《江南》就是一首汉代的乐府。

后来，乐府成为一种诗歌体裁，很多文人沿用乐府的歌名、曲调，仿照民歌的风格创作诗歌，也称为乐府。唐代大诗人李白、杜甫都写下了很多乐府诗。

莲

莲也叫荷、芙蓉，是一种长在湖泊、池塘、河边等浅水中的水生植物。莲叶表面有蜡质，滴到上面的水会像珍珠一样滚来滚去。

莲花也叫荷花。古人称还没开放的荷花苞为菡萏（hàn dàn）。

莲蓬是莲的果实，长在莲花的最中间，莲花凋谢后，莲蓬逐渐成熟。莲蓬上有很多蜂窝状的小孔洞，每个孔洞里长了一颗莲子，就是莲的种子。新鲜的莲子脆嫩可口，老莲子可以用来熬粥。洗澡用的喷头也叫莲蓬头。看，它们长得像不像？

藕可不是莲的根，而是长在水底下淤泥里的茎。藕被折断后，会有细细的丝相连。当它被端上餐桌时，又是一道美味。

画

唐·王维

远看山有色,
近听水无声。
春去花还在,
人来鸟不惊。

注
色：颜色，色彩。
春去：春天过去。
惊：吃惊，害怕。

♪ 诗文声律
远看 ═ 近听
山有色 ═ 水无声
春去 ═ 人来
花 ═ 鸟

译
在远处可以看到高山色彩鲜亮，
在近处却听不到水流动的声音。
春天过去了，鲜花还在盛开，
人走到近旁，鸟儿也不会受惊飞走。

诗歌助记

唐·王维

□看山有□,

近听□无□。

□去□还在,
□来□不惊。

少年成名的王维

王维是河东蒲（pú）州（今山西永济）人，和大诗人李白出生于同一年，不过和李白三十多岁还在到处找工作不一样，王维年纪轻轻便一举成名。

他十多岁时来到京城长安，见到唐玄宗的妹妹玉真公主，献上自己写的诗。公主看后大吃一惊，说："这些都是孩子们天天诵读的诗，我以为是古人写的，没想到是你写的！"在公主的大力推荐下，王维参加科举考试，轻轻松松中了进士，名扬京城。

王维不仅是一位诗人，也是一位画家。北宋大文豪苏轼称赞他"诗中有画，画中有诗"，读他的诗句，眼前就有了画面；从他的画里，能看出满满的诗意。在《画》这首诗中，王维更是用四句诗说了一个谜语，谜底就是这首诗的题目——画。

王维名句

红豆生南国，春来发几枝。愿君多采撷（xié），此物最相思。《相思》

大漠孤烟直，长河落日圆。《使至塞上》

江流天地外，山色有无中。《汉江临眺》

悯农（其二）

唐·李绅

锄禾日当午，
汗滴禾下土。
谁知盘中餐，
粒粒皆辛苦。

注
悯：怜悯，同情。
禾：谷类植物的统称。
皆：全，都。

译 农民在烈日当空的中午给禾苗除草，
汗水滴落到禾苗生长的土地上。
有谁知道，我们盘子里的饭食，
一粒粒都是农民用辛苦的劳动换来的。

诗歌助记

悯□（其二）

唐·□绅

□□日当午，
□□禾下土。

谁知□□□，
粒粒皆□□。

司空见惯

李绅的《悯农》诗有两首,另一首我们后面还会读到。这一首表现出李绅对农民辛勤劳作的同情,并号召人们要珍惜粮食,爱惜农民的劳动成果。

这两首《悯农》诗是李绅年轻时写的。后来,他的官越做越大,也开始追求奢侈享乐。有个成语叫"司空见惯",指某事经常能见到,不会让人觉得奇怪。这个成语出自刘禹锡的诗作《赠李司空妓》。司空是唐代朝廷掌管工程的官员,据说这里的司空说的就是李绅。

当时,刘禹锡被降职为苏州刺史,相当于苏州市的市长,应邀到李绅家赴宴。席间,李绅叫来家中的歌伎(jì)唱歌跳舞助兴,刘禹锡有感而发,说:"这么热闹的场面,在司空大人看来早已经是见惯了的事情啦,可我这个被降职的刺史看了,却是又伤感又痛心啊!"

司空见惯浑闲事,断尽苏州刺史肠。

新乐府

李绅还是新乐府诗的代表诗人之一。前面我们说过,乐府是一种有着固定题目和曲调的诗歌。为了让乐府诗能表达更广泛的主题,李绅和好朋友元稹(zhěn)、白居易一起倡议,用乐府诗的形式描写眼前发生的事,给诗歌起和内容相符的新题目,而且不用去管诗歌能不能配合着乐曲演唱,这被称为"新乐府运动"。新乐府诗写统治者的残酷、战争的可怕、人民的苦难等,使诗歌有了更具体的意义。

古朗月行（节选）

唐·李白

小时不识月，
呼作白玉盘。
又疑瑶台镜，
飞在青云端。

注
朗月行：乐府旧题。
呼作：称为。
白玉盘：晶莹剔透的白玉盘子。
疑：怀疑。
瑶台：传说中神仙居住的地方。

译
小时候不认识月亮，
把它叫作白玉盘。
又怀疑那是一面瑶台里的镜子，
飞到了夜空的青云之上。

诗歌助记

 月，

  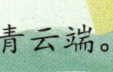 青云端。

古朗月行（节选）
唐·李白

古□□行（节选）

唐·李□

小时□□□，

呼作□□□。

又疑□□镜，

飞在□□端。

李白的月光

李白是唐朝最出名的诗人之一，他在61年的人生中，无数次"仗剑远游"，在大江南北留下了足迹，写下了若干名篇。

而其中有许多关于月亮的诗句，这是因为李白一生都钟爱酒和月。关于李白的死有多种说法，其中一个版本是这样的：李白在安徽当涂坐船渡过长江时，看到水中一轮明月，他当时喝醉了酒，想去水中捞起月亮，不小心掉进水里淹死了。实际上，李白是在当涂叔叔家病逝的。

酒入豪肠，七分酿成了月光，余下的三分啸成剑气，绣口一吐，就半个盛唐。

当代·余光中《寻李白》

李白名句

花间一壶酒，独酌（zhuó）无相亲。举杯邀明月，对影成三人。《月下独酌》

人生得意须尽欢，莫使金樽（zūn）空对月。《将进酒》

长安一片月，万户捣衣声。《子夜吴歌》

风

唐·李峤

解落三秋叶，
能开二月花。
过江千尺浪，
入竹万竿斜。

注

解：解开，这里指吹。

三秋：秋季的三个月，指秋天。一说指晚秋，农历九月。

二月：早春，农历二月。一说指春天。

过：经过。

斜：倾斜，歪斜。

♪ 诗文声律

解落 ═ 能开
三秋叶 ═ 二月花
过江 ═ 入竹
千尺 ═ 万竿

译

能吹落秋天金黄的树叶，
能吹开春天美丽的鲜花。
经过江面，掀起千尺巨浪，
刮进竹林，把万竿青竹吹得歪歪斜斜。

诗歌助记

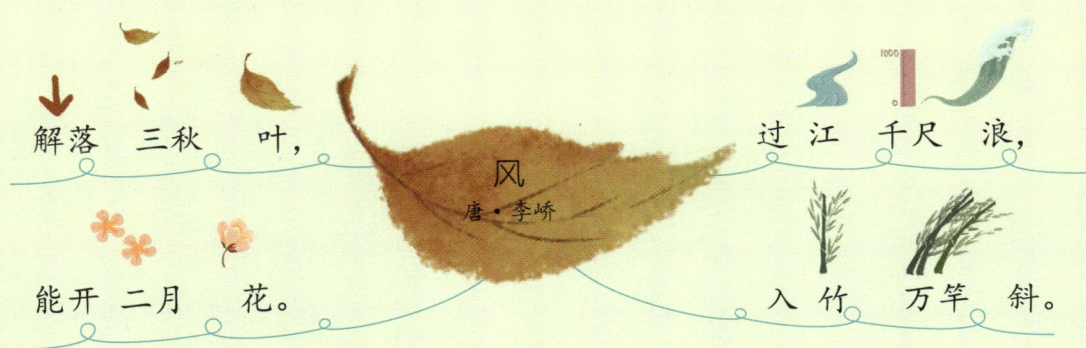

□

唐·李□

解□三秋□,

能□二月□。

过□千尺□,

入□万竿□。

宰相诗人

唐朝是我国诗歌的巅峰时代，三百年间，涌现出大量的优秀诗人和流传千古的名作佳篇。不过，唐朝时，诗人并不是一种职业，绝大多数诗人都是朝廷或各地的官员，有几位诗人甚至当过朝廷里最大的官——宰相。《风》的作者李峤就是其中一个，他在武则天、唐中宗、唐睿宗时期三次出任宰相。

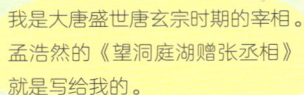

曾经沧海难为水，除却巫山不是云。

春 晓

唐 · 孟浩然

春眠不觉晓，
处处闻啼鸟。
夜来风雨声，
花落知多少。

注
晓：天刚亮的时候。
眠：睡觉。
不觉晓：不知不觉天就亮了。
闻：听见。

啼鸟：鸟啼，鸟的鸣叫声。啼，鸣叫。
知多少：不知有多少。知，不知，表示推想。

译
春天的早上还在睡梦中，不知不觉天就亮了，到处都能听到鸟儿清脆的鸣叫。
想起昨天夜里的阵阵风雨声，
被风吹落雨打落的花朵不知有多少。

诗歌助记

春□

唐·孟□□

□□不觉晓,
□□闻啼鸟。

夜来□□□,
花落□□□。

喝酒比做官重要

孟浩然出生于现在的湖北襄阳,年轻时在襄阳城附近的鹿门山隐居,天天睡到自然醒,《春晓》就是他在这段时间写的。

孟浩然是李白的偶像,李白前前后后写过五首诗送给他。李白给负责寻访人才的官员韩朝宗写过一封求职信《与韩荆州书》,没有收到回信。而韩朝宗想要约见孟浩然,也没能见上面。

四十岁前后,孟浩然两次参加科举考试都没考上,于是回到了襄阳。有一次,韩朝宗约他见面,想带他一起去京城长安,推荐他做官。到了约定的那一天,正好有个朋友来看望他。孟浩然和朋友一起喝酒聊天,仆人提醒他说:"您和韩大人约好了要见面的。"孟浩然却说:"现在喝酒喝得正高兴,那些无关紧要的事不要来烦我!"韩朝宗听说后非常生气。孟浩然酒醒后,也没有对这件事感到丝毫后悔。因为错过了这次机会,孟浩然也成了唐朝少有的一生没有做过官的诗人。

赠汪伦

唐·李白

李白乘舟将欲行,
忽闻岸上踏歌声。
桃花潭水深千尺,
不及汪伦送我情。

注 汪伦：李白的朋友。
闻：听到。
踏歌：以脚踏地为节拍，边走边唱。
桃花潭：在今安徽泾县西南。
不及：不如。

译 李白登上小船正要离开，
忽然听到岸上传来踏歌之声。
即使桃花潭水深千尺，
也比不上汪伦为我送行的这份情谊。

诗歌助记

李白 乘舟 将欲行，

忽闻 岸上 踏歌声。

赠汪伦
唐·李白

桃花 潭水 深千尺，

不及 汪伦 送我情。

赠 □□

唐·李□

李白乘舟□□□，

忽闻岸上□□□。

□□□□深千尺，

不及□□送我情。

热爱旅游的诗人

除了四十多岁时在京城长安上过三年班,为唐玄宗写写诗文,李白一生基本上没有固定工作,他的大部分时光都是在旅游中度过的。

二十四岁之前,李白已经把四川一带游了个遍,然后坐船沿长江顺流而下,离开四川,遍游全国,一路上广交朋友。李白走到哪里,就把诗写到哪里,其中很多诗是写给朋友的,所以他的很多诗作中都带有地名、人名。

公元754年,李白在安徽游览了黄山的大好风光,又在附近的村落流连忘返。在泾(jīng)县,李白和当过泾县县令的汪伦结下了深厚的友谊。在这里住了一段时间后,李白乘船离开,在桃花潭边告别时写下了《赠汪伦》送给朋友。

桃花潭是长江支流青弋(yì)江上游的一段,以水深而闻名,李白在诗中说桃花潭深千尺,当然是夸张的说法,用潭水的幽深来形容汪伦的深情厚谊。

静夜思

唐·李白

床前明月光，
疑是地上霜。
举头望明月，
低头思故乡。

注 疑：好像。
举头：抬头。

♪ 诗文声律

明月光 ⇌ 地上霜

举头 ⇌ 低头

望明月 ⇌ 思故乡

译 明亮的月光透过窗户洒在地面上，
好像是地上结了一层白霜。
抬起头看着夜空中皎洁的明月，
又不由得低下头思念起远方的家乡。

诗歌助记

静夜思
唐·李白

床前　明月　光，　疑是　　地上　霜。

　　　举头　望　明月，

　　　低头　思　　故乡。

□□思

唐·□□

床前□□□,

疑是□□□。

举头望□□,

低头思□□。

《静夜思》中的"床"

《静夜思》中的"床"到底指的是什么,有几种不同的说法:

① "窗"的通假字,李白本来是想写"窗",一不小心错写成了"床";

② 井台、井栏,井口周围高出地面的部分;

③ 一种可以坐可以睡的家具;

④ 从胡人地区(北方和西方少数民族地区)传进来的胡床,是一种可以折叠的椅子或凳子,类似小马扎。

你觉得哪种说法更有道理呢?

> 我的光到底应该照在哪里?真让人为难。

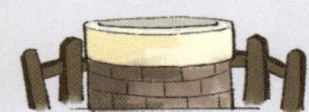

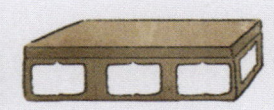

明月和故乡

为什么举头望明月后低头就会思故乡呢?这是因为古代通信方式很落后,没有电话,没法视频,寄封信可能得几个月后才能收到。夜深人静的时候,在外漂泊的人们看看夜空中的明月,就会想到:此时,这轮明月也挂在家乡的夜空,说不定自己思念的亲人也正看着它呢。所以在古人的诗句中,经常会把明月和思念家乡、思念亲人联系在一起。

> 我在看月亮,月亮在看家乡的你们。

寻隐者不遇

唐·贾岛

松下问童子，
言师采药去。
只在此山中，
云深不知处。

注

寻：寻找，拜访。

隐者：古代隐居在山中的文人。

童子：小孩子。这里指隐者的弟子。

言：回答，说。

云深：指山上云雾缭绕。

处：地方。

译

在松树下，我询问小童子：
"你的师父去哪儿了？"
他说师父到山中采药去了。
只知道就在这座大山里，
可山中云雾缭绕，也不知他在什么地方。

诗歌助记

松下　问　童子，　　　　　　　　言　师　采药　去。

寻隐者不遇
唐·贾岛

只在　此山中，　　　　　　　　　云深　不知处。

寻□□不遇

唐·贾□

松下问□□

言师□□去。

只在□□□,

□□不知处。

写诗最辛苦的诗人

李白喝上一斗酒,就能写出百首好诗,这虽然是夸张的说法,但李白确实是才思敏捷,下笔如有神助,不然也不会有近千首诗流传至今。

有写得快的,就有写得慢的,很多诗人写诗时要绞尽脑汁冥思苦想,写起来可费劲了。《寻隐者不遇》的作者贾岛就是这样一位诗人。

李白斗酒诗百篇,
长安市上酒家眠。
唐·杜甫《饮中八仙歌》

好羡慕他啊!

"推敲"这个词正是出自贾岛写诗的故事。

有一天,贾岛骑着驴在街上走着,嘴里念叨着前几天写的两句诗:鸟宿池边树,僧敲月下门。这个"敲"字,换成"推"会不会更好呢?贾岛骑在驴背上比画,立起手掌推一推,弯起手指敲一敲。

街上的人都奇怪地看着他,贾岛沉浸在自己的世界里,浑然不觉,一不小心撞进了京兆尹(管理京城一带的官员)韩愈的仪仗队伍里。卫兵把贾岛从驴上拉下来,扭送到韩愈面前。韩愈问清缘由后对他说:"我觉得'敲'字好,更能衬托出夜的寂静。"

那人在干啥?练习手指舞吗?

大人小心,刺客在运气!

不过,也有人认为"推"更好,觉得"敲"会打破夜的宁静,惊起睡在树上的鸟儿,破坏诗的意境。你觉得"推"和"敲"哪个更好呢?

人之初

选自《三字经》

人之初，性本善，
性相近，习相远。
苟不教，性乃迁，
教之道，贵以专。

子不学，非所宜，
幼不学，老何为？
玉不琢，不成器，
人不学，不知义。

注

初：开始，开头。
性：性格，本性。
习：习惯，习性。
苟：如果。
乃：于是。
迁：改变。
专：专心致志。
宜：合适，应该。
琢：雕琢，打磨。
器：器物，这里指成才。
义：公正合宜的道理。

♪诗文声律

玉不琢 ═ 人不学
不成器 ═ 不知义

译

人出生之初，本性都是善良的，天性也都很接近，只是后天所处的环境和所受的教育不同，习性差异才越来越大。

如果从小不好好教育，善良的本性就会发生改变，要想把孩子教育成才，最重要的就是要专心致志地去教育孩子。

小孩子不好好学习，是很不应该的，幼年时不好好学习，等长大变老后能有什么作为呢？

玉如果不打磨雕刻，不会成为精美的器物，人如果不学习，就不会明白道理。

人之□

选自《□□经》

我曾经也是一个善良的孩子。

只是因为没人教我做一个好人。

人之□，性本□，
□相近，□相远。

苟不□，性乃□，
教之□，贵以□。

小时候没好好学习，长大了一事无成。

我原本可以成为一件玉器。

我原本可以成为一个好人。

□不学，非□□，
□不学，□何为？

玉□□，不成□，
人□□，不知□。

《三字经》

今天学的这篇小古文选自南宋大学问家王应麟的《三字经》。这是一本给刚开始认字、读书的小朋友看的启蒙读物,流传到现在已经有七百多年了。随着时代的发展,后人又对这本书进行了改编,所以现在的《三字经》有多个版本。

《三字经》最大的特点是每个句子只有三个字,又好读,又好记。这本书虽然只有一千多字,几百个三字短句,却包含了很多的内容,有整个中国历史的发展变迁,有古代的民间传说、勤学故事,有天文地理知识,还有小朋友需要明白的很多道理。

除了《三字经》,古代还有两本小朋友常读的书,分别是介绍姓氏的《百家姓》,由一千个不同的字写成的《千字文》,这两本书都是四个字一句。《三字经》《百家姓》《千字文》合称"三百千"。

人之初,性本善……

赵钱孙李,周吴郑王……

天地玄黄,宇宙洪荒……

池上

唐·白居易

小娃撑小艇，
偷采白莲回。
不解藏踪迹，
浮萍一道开。

注 撑：用竹竿或木杆抵住河底使船行进。
艇：船。
白莲：白色的莲花。
解：了解，明白。
踪迹：行动留下的痕迹。
浮萍：一种水生漂浮植物，椭圆形叶子浮在水面，叶下面长有须根。

译 小孩撑着一只小船，
偷偷去池塘里采了白莲回来。
他却不懂得隐藏自己的行踪，
水面的浮萍朝两边荡开，
留下了长长一道船儿划过的痕迹。

诗歌助记

小娃 撑 小艇，
偷采 白莲 回。
池上
唐·白居易
不解 藏 踪迹，
浮萍 一道开。

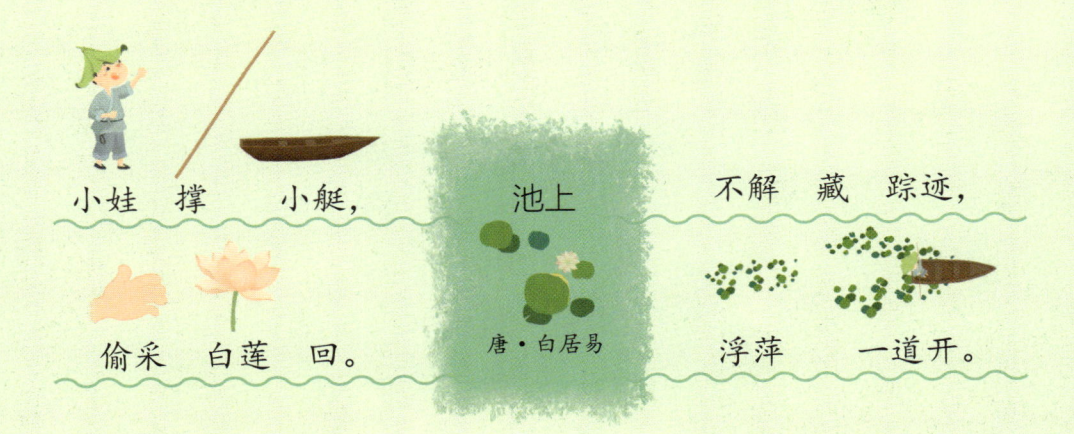

小娃撑□□，　　　　　　□上

唐·白□□

偷采□□回。

不解藏□□，

□□一道开。

老婆婆都能读懂的诗

　　这首《池上》读上去很容易懂。诗句浅显明白、通俗易懂，是白居易诗作的一大特色。据说，他每写一首诗，都会先去念给邻居家的老婆婆听。老婆婆没上过学，也不认识字，但白居易的诗她大多都能听懂。如果有听不懂的地方，白居易就会记下来，重新改写，一直改到老婆婆能听懂为止。正是因为白居易给自己的诗作定下这样的标准，所以他的很多诗都在百姓间广泛流传。这个故事还传下一个成语：老妪（yù）能解，形容文学作品通俗易懂。老妪就是老婆婆。

学霸养成记

　　白居易从小聪慧，六七个月大时就已经认识古文中经常出现的"之""无"二字。奶妈把他抱在怀里，念这两个字，他总能准确无误地指出来。少年白居易学习非常刻苦，每天白天学习作赋，晚上用功读书，还要抽出时间来练习作诗，根本没多少时间睡觉。读书读得舌头上都长了疮，写字太多，手和胳膊肘上都磨出了茧子。二十七岁那年，白居易参加科举考试，一次就考中了。

　　白居易一生为官，有春风得意的时候，也有被贬到外地当小官的时候。晚年时，他在东都洛阳当了个闲官，在这里买下一座带园子的大宅子。园子里有一片池塘，池塘里长着菱角和白莲，常常引得附近的孩子过来玩耍。《池上》这首诗就写作于这段时间。

小池

宋·杨万里

泉眼无声惜细流，
树阴照水爱晴柔。
小荷才露尖尖角，
早有蜻蜓立上头。

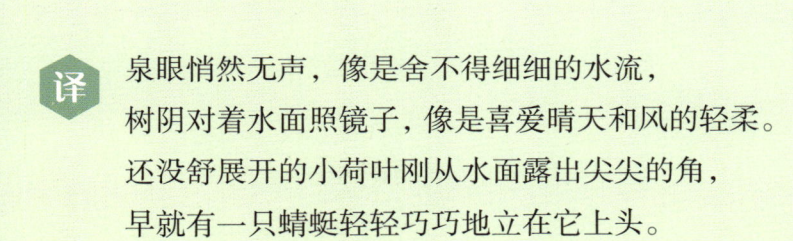

注
泉眼：泉水的出口。
惜：吝惜。
照水：映在水里。
尖尖角：初出水端还没有舒展的荷叶尖端。
晴柔：晴天里和风的轻柔。

♪ 诗文声律
泉眼 ⇌ 树阴
惜细流 ⇌ 爱晴柔

译
泉眼悄然无声，像是舍不得细细的水流，
树阴对着水面照镜子，像是喜爱晴天和风的轻柔。
还没舒展开的小荷叶刚从水面露出尖尖的角，
早就有一只蜻蜓轻轻巧巧地立在它上头。

诗歌助记

小池
宋·杨万里

泉眼 无声 惜 细流，　　树阴 照水 爱 晴柔。

小荷 才 露 尖尖角，　　早有 蜻蜓 立 上头。

□□

宋·杨□□

泉眼无声惜□□，

树阴照水爱□□。

□□才露尖尖角，

早有□□立上头。

自然清新的"诚斋体"

老夫活了七十九,轻松写诗两万首。

杨万里是南宋诗人,出生于南宋建立的那一年。据说他一生总共写了两万多首诗,按他七十九岁的寿命平均算下来,大约每天一首。这些诗中流传下来的也有四千多首,杨万里也因此被称为一代诗宗。

杨万里的很多诗歌描写的都是自然景物,构思新巧,想象奇特,语言浅近明白,清新自然,形成了自己独特的风格,被称为"诚斋体"。"诚斋"是杨万里的号(号是古人自己给自己起的名字,也有的号是朋友给起的)。《小池》就是一首典型的"诚斋体"诗歌。

一字之师

杨万里学问渊博,为人谦虚。他在当国子监(jiàn)博士(国家最高学府的老师)时,有一次和同事闲聊,说到"晋代的于宝"。旁边一个小官员听了插话说:"先生,是干(gān)宝,不是于宝。"

对,我叫干宝。我的《搜神记》里有很多神话传说故事。

被人当众挑错,杨万里不但不气恼,反而和颜悦色地问:"你是怎么知道的呢?"

小官员于是找来一本字典,查到"干"字,把下面的注解指给杨万里看,果然写着"晋有干宝"。杨万里这才知道,自己一直看错读错了这个人名。他非常高兴,感激地对这个小官员说:"你可真是我的一字之师呀!"

画鸡

明·唐寅

头上红冠不用裁,
满身雪白走将来。
平生不敢轻言语,
一叫千门万户开。

注 裁：裁剪，制作。
将：助词，用在动词后面，无实义。
平生：平常，平时。
轻：随便，轻易。
言语：说话，这里指啼鸣。
一：一旦。
千门万户：指众多的人家。

译 它头上鲜红的冠子天然生成，不用剪裁，
它浑身雪白，神气地踱着步子走过来。
平时它不敢轻易鸣叫，
一旦鸣叫，千家万户的门都纷纷打开。

诗歌助记

画鸡
明·唐寅

头上 红冠 不用裁，

满身 雪白 走将来。

平生不敢 轻言语，

一叫 千门 万户 开。

头上□□不用裁，

画□

明·唐□

满身□□走将来。

平生不敢轻□□，

一叫□□□□开。

公鸡早上为什么会打鸣

《画鸡》是一首谜语诗，谜底就是一只白色的大公鸡。每天早上，公鸡一打鸣，人们就纷纷起床，打开门窗，开始了一天的工作和生活。古代没有钟表，打鸣的公鸡就成了叫人们起床的闹钟。

除了猫头鹰等少数几种晚上出来活动的鸟，大多数鸟到了晚上是看不见东西的，作为鸟类成员的鸡也不例外。整个晚上什么都看不见，这让负责鸡群安全保卫工作的公鸡非常不安。当天快亮时，终于又能看清周围的一切了，公鸡就会兴奋得打起鸣来。

我负责安全保卫和打鸣。

我负责下蛋、孵小鸡。

江南第一才子

《画鸡》的作者唐寅是明朝著名的画家、诗人，他还有一个更为大家所熟知的名字——唐伯虎。

没当上公务员的我，成了一名艺术家。

唐寅少年时才气过人，能书会画，十五岁考秀才时得了第一名，后来在省一级的科举考试中又得了第一，也就是解（jiè）元。但是就在考中解元后的第二年，他到京城参加全国级的考试，受作弊考生的牵连，被抓进了监狱。后来虽然被释放，但这件事等于断送了他通过科举考试做官这条路。

唐寅给自己刻了个"江南第一风流才子"的图章，一生主要靠卖文、卖画为生，留下了大量珍贵的书画作品，成为一代书画大家。

梅花

宋·王安石

墙角数枝梅,
凌寒独自开。
遥知不是雪,
为有暗香来。

注 凌寒：冒着严寒。
遥：远远地。
为：因为。
暗香：指梅花的幽香。

译 墙角有几枝梅花，
正冒着严寒独自开放。
远远看去就知道那不是落在枝头的雪花，
因为有梅花的幽香阵阵飘来。

诗歌助记

梅花
宋·王安石

墙角　数枝梅，　　凌寒　独自　开。

遥知　不是　雪，　　为有　暗香　来。

□□

宋·王□□

□□数枝梅，

□□独自开。

□□不是雪，

□□暗香来。

亦敌亦友

中国古代是文人当政,也就是说很多朝廷高官、地方上的各级官员,都是由会写诗作文的文人担任的。所以很多诗词古文的作者同时也是活跃在政治舞台上的官员,一些我们非常熟悉的诗人没准儿还是政治上的死对头呢!

《梅花》的作者王安石就是北宋时一位重要的政治家。他在宋神宗时期两次出任宰相,实施了一系列新法令,历史上称为"王安石变法"。但是,新法在推行的过程中,遭到了很多官员的激烈反对,大诗人苏轼就是其中一个。

苏轼虽然没有王安石职位高,但名气比他大。苏轼抓住一切机会,在各种场合嘲讽、反对新法,让王安石非常生气。宋神宗几次想重用苏轼,都被王安石劝阻,苏轼只好离开朝廷去杭州当了个地方官。但抛开工作上的矛盾不谈,私下里,王安石非常赞赏苏轼的才华。后来,苏轼因为写诗反对变法被关押,性命攸关之时,王安石还写信给宋神宗帮苏轼求情,说在一个皇帝圣明的朝代,不能杀有才华的文化人。

变法遇到重重阻碍,心灰意冷的王安石辞去宰相职务,到南京钟山隐居去了。《梅花》就是写于这段时期。梅花在严寒时节独自开放,虽然孤立无援,处境艰难,但仍能保持高洁的品性,散发出阵阵清香。从诗中也能看出作者此时的心境。

小儿垂钓

唐·胡令能

蓬头稚子学垂纶,
侧坐莓苔草映身。
路人借问遥招手,
怕得鱼惊不应人。

注

蓬头：头发乱蓬蓬的。

稚子：小孩。

垂纶：钓鱼。纶，钓鱼用的丝线。

莓：一种野草。

苔：苔藓植物。

映：掩映，遮挡。

借问：向人打听。

应：回应，理睬。

译 一个头发乱蓬蓬的小孩在河边学着大人的样子钓鱼，
他侧着身子坐在青苔上，绿草遮挡着他的身影。
听到过路人问路，他连忙远远地摆了摆手，
生怕说话的声音惊跑了鱼儿，所以不敢回答问路人。

诗歌助记

蓬头稚子　学　垂纶，

侧坐　莓苔　草映身。

小儿垂钓
唐·胡令能

路人　借问　遥　招手，

怕得鱼惊　不应人。

小儿□□

唐·胡□□

蓬头稚子□□□,

　　侧坐莓苔□□□。

　　路人□□遥招手,

怕得□□不应人。

非著名诗人胡令能

和大多数声名远扬的诗人不一样,《小儿垂钓》的作者胡令能在唐朝时就是个不太出名的诗人。

胡令能年轻时靠给别人磨铜镜、补盆碗为生。修补盆碗要把打破的残片拼合起来,在接缝两侧钻出小孔,用一种特殊的钉子穿过小孔,把残片重新固定在一起。这门手艺称为"钉铰",所以人们都叫胡令能为"胡钉铰"。

有一天,胡令能做了个梦,梦见有个神仙割开他的肚子,往里面放了一卷书,然后给他把肚子缝好了。胡令能醒后,就会写诗了。不知道胡令能是不是真的做过这样一个梦,但梦里割开和缝补肚皮的情形和他平时修补盆碗倒是很相似呢。

胡令能留下来的诗总共只有四首,而且都是只有短短四句的绝句,但每一首都非常生动传神,充满了生活气息。

> 忽闻梅福来相访,笑着荷衣出草堂。
> 儿童不惯见车马,走入芦花深处藏。
>
> 《喜韩少府见访》

不会修盆的诗人不是好隐士。

登鹳雀楼

唐·王之涣

白日依山尽，
黄河入海流。
欲穷千里目，
更上一层楼。

注
白日：太阳。
依：依傍，挨着。
尽：消失。
欲：想要。
穷：尽，使达到极点。
千里目：眼界宽阔。
更：再。

诗文声律
白日 ═ 黄河
依山尽 ═ 入海流
欲穷 ═ 更上
千里目 ═ 一层楼

译
夕阳依傍着山峦慢慢沉落，
黄河朝着大海汹涌奔流。
想要看到千里之外的风景，
就要再登上更高的一层楼。

诗歌助记

白日 依山尽，
黄河 入海流。
登鹳雀楼
唐·王之涣
欲穷 千里 目，
更上 一层 楼。

登□□楼

唐·王□□

白日□山□,

黄河□海□。

欲□千里□,

更□一层□。

四大名楼

鹳雀楼是我国古代四大名楼之一,另外三座分别为岳阳楼、黄鹤楼、滕王阁。四大名楼都以古代经典诗文而名闻天下。

先天下之忧而忧,
后天下之乐而乐。
宋·范仲淹《岳阳楼记》

岳阳楼(湖南岳阳)

昔人已乘黄鹤去,
此地空余黄鹤楼。
唐·崔颢(hào)《黄鹤楼》

黄鹤楼(湖北武汉)

欲穷千里目,
更上一层楼。
唐·王之涣《登鹳雀楼》

鹳雀楼(山西永济)

落霞与孤鹜齐飞,
秋水共长天一色。
唐·王勃《滕王阁序》

滕王阁(江西南昌)

边塞诗

本诗作者王之涣生活在盛唐时期。当时,唐朝疆域广大,边境上战争不断,很多文人为了求取功名或者是体验新奇的生活,加入军队来到边塞(sài),写下了大量描写边塞风光、军中生活的诗,这些诗被称为"边塞诗"。王之涣和同时代的王昌龄、高适、岑参合称为四大边塞诗人。此外,出名的边塞诗人还有王翰、李颀(qí)等。

到边塞去!那里天地广,灵感多。

望庐山瀑布

唐·李白

日照香炉生紫烟，
遥看瀑布挂前川。
飞流直下三千尺，
疑是银河落九天。

注 香炉：指庐山的香炉峰。
紫烟：指日光透过云雾，远望如紫色的烟云。
川：河流，这里指瀑布。
三千尺：形容山高。这里是虚数，夸张的说法。
九天：极高的天空。古人认为天有九重，九天是天的最高层。

♪诗文声律

香炉 ⇌ 瀑布
生紫烟 ⇌ 挂前川

译 香炉峰在阳光的照射下生起紫色的烟云，远远看去瀑布像一条长河悬挂在山前。瀑布从高崖上奔流直下好像有几千尺，让人怀疑是银河从高高的天空落到了人间。

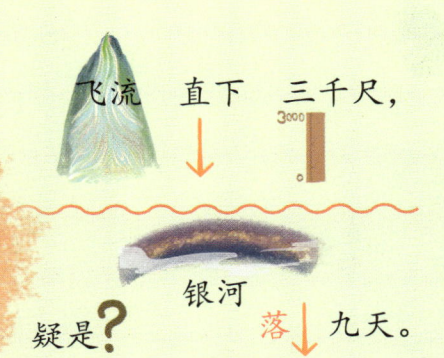

诗歌助记

日照 香炉 生 紫烟，

遥看 瀑布 挂 前川。

望庐山瀑布
唐·李白

飞流 直下 三千尺，

疑是？ 银河 落 九天。

望□□瀑布　唐·□□

日照□□生□□，
遥看□□挂□□。
飞流直下□□□，
疑是银河□□□。

文化名山

　　庐山位于江西九江长江之南的鄱阳湖畔,离南边的滕王阁只有几十千米。汉代的司马迁为了写《史记》,曾来到庐山考察大禹治水留下的遗迹。古往今来,一千多位文化名人曾登临庐山,留下了四千多首诗词歌赋,庐山也因此跻(jī)身"中华十大名山"之列。唐朝时庐山就已经是旅游胜地。李白曾五次游览庐山,为庐山留下了十多首诗。

名胜打卡

　　我们知道,李白是一位热爱旅游的诗人,他边旅游边写诗,为一大批景点留下了宝贵的文化遗产。

湖南洞庭湖

且就洞庭赊(shē)月色,
将船买酒白云边。《游洞庭五首(其二)》

来合个影,发个朋友圈。

最爱和脸大的人合影了!

我原本叫九子山,因为这首诗改名叫九华。我很喜欢这个新名字。

安徽九华山

昔在九江上,遥望九华峰。
天河挂绿水,秀出九芙蓉。

《望九华赠青阳韦仲堪》

四川峨眉山

峨眉山月半轮秋,
影入平羌江水流。《峨眉山月歌》

江雪

唐·柳宗元

千山鸟飞绝，
万径人踪灭。
孤舟蓑笠翁，
独钓寒江雪。

注
江雪：江上的雪景。
绝：无，没有。
万径：指所有道路。径，小路。
人踪：人的踪迹。
灭：消失。
蓑笠：蓑衣和斗笠。蓑，蓑衣，用草或棕叶编织成的雨衣。笠，用竹篾编成的帽子。

♪诗文声律

千山 ⇌ 万径
鸟飞绝 ⇌ 人踪灭
孤舟 ⇌ 独钓
蓑笠翁 ⇌ 寒江雪

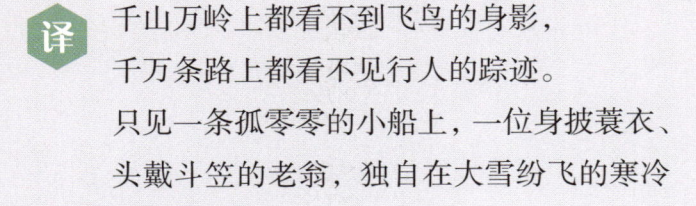

译
千山万岭上都看不到飞鸟的身影，千万条路上都看不见行人的踪迹。只见一条孤零零的小船上，一位身披蓑衣、头戴斗笠的老翁，独自在大雪纷飞的寒冷江面上钓鱼。

目 诗歌助记

江雪
唐·柳宗元

千山 鸟飞绝，万径人踪灭。
孤舟蓑笠翁，独钓寒江雪。

江□

唐·柳□□

千山□□□,

万径□□□。

□□蓑笠翁,

□□寒江雪。

冬日垂钓

柳宗元生活在唐朝中期,他出生时,李白已经去世十一年了。柳宗元是北方人,祖籍河东(现在的山西运城一带),成长在京城长安,但这首《江雪》描写的却是南方的景象。因为北方的冬天,河面会结上厚厚的冰,是不大可能坐在船上钓鱼的。

北方　入冬开始结冰,随着气温逐渐降低,冰层越来越厚。"冰冻三尺,非一日之寒。"在河面钓鱼,要在冰面凿开一个冰洞,把钓丝垂进洞口钓。洞口的氧气更加充足,会吸引鱼儿游过来。

> 一九二九不出手,三九四九冰上走。

> 在冰上走要注意安全!

北方

南方　河面很少结冰,最冷的日子也只会结一层窗玻璃般厚的冰,白天随着气温上升就慢慢化了。冬天,鱼儿都躲到暖和些的深水中、水草里,不太愿意出来觅食,所以冬天并不是钓鱼的好季节。

> 在冰上走是绝对不可能的!

南方

夜宿山寺

唐·李白

危楼高百尺,
手可摘星辰。
不敢高声语,
恐惊天上人。

注
宿：住宿，过夜。
危楼：高楼，这里指建在山顶的寺庙。危，高。
百尺：虚指，形容楼很高。
星辰：天上的星星统称。
高声：大声。　语：说话。
恐：唯恐，害怕，担心。

译
山顶的寺庙好像有百尺高，
站在上边仿佛伸手就能摘到星星。
在楼上不敢大声说话，
生怕惊扰了住在天上的仙人。

诗歌助记

夜宿山寺
唐·李白

危楼　高百尺，
手可　摘　星辰。
不敢　高声　语，
恐惊天上人。

□□山寺

唐·□□

危楼高□□,手可摘□□。不敢□□□,恐惊□□□。

江心寺

旅行诗人李白这一站来到了湖北黄梅,晚上住在蔡山上的江心寺。

江心寺始建于东晋之前,因为山和寺位于江中间而远近闻名。李白坐船前往庐山,这里也是必经之路。晚上,诗人登上山顶的藏经楼,看脚下江流奔涌,天上的星辰似乎近在咫尺。其实江心寺所在的蔡山只有五十多米高,古代的楼通常也只有十几米高,但因为处于江水之中,周围一片空旷,显得危楼孤立,直上云天。诗人有感而发,写下了这首诗。

诗歌中的夸张

诗中的"危楼高百尺,手可摘星辰",使用的是"夸张"这种修辞手法。李白性格豁达,他的诗歌想象奇特、豪迈奔放,诗中经常用到夸张手法。

形容高

我飞不了那么高。两百里以外就是太空了!

大鹏一日同风起,
扶摇直上九万里。
《上李邕》

形容深

看来,我这桃花潭水还是不够深。

桃花潭水深千尺,
不及汪伦送我情。
《赠汪伦》

形容长

白发三千丈,
缘愁似个长。
《秋浦歌》

洗个头太费劲了!

敕勒歌

北朝民歌

敕勒川,阴山下,
天似穹庐,笼盖四野。
天苍苍,野茫茫,
风吹草低见牛羊。

注

敕勒川：敕勒族居住的地方，在现在的山西、内蒙古一带。敕勒，古代北方少数民族的名称。川，平川、平原。

阴山：位于现在的内蒙古北部。

穹庐：游牧民族居住的圆顶帐篷，用毡布搭成，也就是后来的蒙古包。

四野：广阔的原野。

天苍苍：天蓝蓝的。苍，青色。

茫茫：辽阔无边的样子。

见：同"现"，显现，露出来。

译

敕勒人生活的大草原，在高高的阴山脚下，
天空像一个巨大的帐篷，笼罩着广阔的原野。
天蓝蓝的，草原辽阔无边，
风吹弯了绿草，显现出原本隐藏在草丛中的牛羊。

诗歌助记

敕勒川， 阴山下，

天 似 穹 庐，笼 盖 四 野。

敕勒歌
北朝民歌

天苍苍， 野茫茫，

风 草 低 牛 羊。

□□ 歌

□□民歌

□□川，□□下，
天似□□，□□四野。

天□□，野□□，

风吹草低□□□。

草原牧歌

《敕勒歌》是一首北朝民歌。民歌就是在民间由人们口口传唱的诗歌，所以现在我们也没法知道到底是谁创作了这首诗歌。在东晋和隋朝之间的一百多年里，中国分裂为由北方少数民族统治的北朝和南方汉族统治的南朝，这段时间被称为南北朝时期。北朝包括北魏、东魏、西魏、北齐和北周等五个先后或并立存在的朝代。

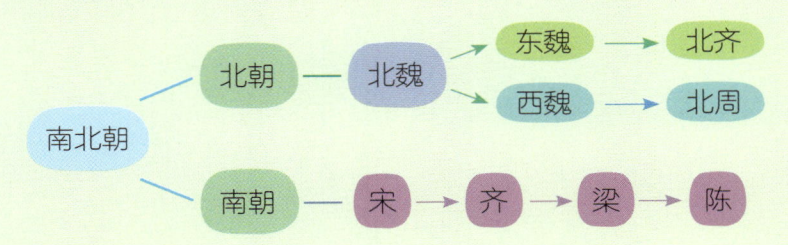

```
                          ┌─ 东魏 → 北齐
        ┌─ 北朝 ─ 北魏 ─┤
南北朝 ─┤                 └─ 西魏 → 北周
        └─ 南朝 ─ 宋 → 齐 → 梁 → 陈
```

《敕勒歌》是敕勒人的一首牧歌。敕勒是我国北方一个古老的游牧民族，靠在草原上放牧牛羊为生。秦汉时期，敕勒人的祖先生活在现在俄罗斯的贝加尔湖一带，后来逐渐向南迁移，其中一支成了现在维吾尔族的祖先。

草原上的牧草又高又茂密，冬天还会有厚厚的积雪，为了适合在这样的路面行驶，敕勒人做的车子轮子很大，车身很高，所以这个民族也被称为高车。北朝时，敕勒和另一个更强大的游牧民族、建立了北魏的鲜卑逐渐融合，使用鲜卑语。所以《敕勒歌》原本是一首鲜卑语民歌，后来才翻译成汉语。

小心点儿，车子太高了，有盲区。

这首歌虽然是敕勒人创作的，但歌里描写的广袤的草原、毡帐般的圆顶天空、肥壮的牛羊，也是其他游牧民族都非常熟悉的生活场景，北朝的军队统帅甚至曾用它来激励大家的民族自豪感，提升军队士气。

未经许可，不得以任何方式复制或抄袭本书之部分或全部内容。
版权所有，侵权必究。

图书在版编目（CIP）数据

爱上古诗文其实很简单.①/比格豹童书著、绘.--北京：电子工业出版社，2023.4
ISBN 978-7-121-45183-6

Ⅰ.①爱… Ⅱ.①比… Ⅲ.①古典诗歌—中国—小学—教学参考资料 ②文言文—小学—教学参考资料 Ⅳ.①G624.203

中国国家版本馆CIP数据核字（2023）第041763号

责任编辑：刘香玉
印　　刷：北京宝隆世纪印刷有限公司
装　　订：北京宝隆世纪印刷有限公司
出版发行：电子工业出版社
　　　　　北京市海淀区万寿路173信箱　邮编：100036
开　　本：889×1194　1/24　印张：22.5　字数：372.9千字
版　　次：2023年4月第1版
印　　次：2023年4月第1次印刷
定　　价：180.00元（全6册）

凡所购买电子工业出版社图书有缺损问题，请向购买书店调换。若书店售缺，请与本社发行部联系，联系及邮购电话：（010）88254888，88258888。
质量投诉请发邮件至zlts@phei.com.cn，盗版侵权举报请发邮件至dbqq@phei.com.cn。
本书咨询联系方式：（010）88254161转1826，lxy@phei.com.cn。